Weihnachtsfest im Wichtelland

Bilder von Fritz Baumgarten   Verse von Lena Hahn

Abends kommt der Wichtel Peter
heim von seiner Fahrt zur Stadt.
Voller Neugier wartet jeder,
was er zu berichten hat.

„Tummelt euch, ihr lieben Leute!",
ruft er munter. „Es wird Zeit!
Rings im Lande sah ich heute
alles schon zum Fest bereit!"

Zeitig gleich am nächsten Morgen
sieht man eifrig diese drei,
wie sie für das Brennholz sorgen
zu der Weihnachtsbäckerei.

Um das viele Holz zu holen,
ziehn sie mit dem Schlitten los.
Gäbe es bei ihnen Kohlen,
wär' die Plage nicht so groß.

In der Küche riecht es lecker.
An dem großen Backtrog stehn
altbewährte Wichtelbäcker,
die mit Lust zu Werke gehn.

„Mandeln, Eier und Zitronen,
Zimt und Honig bringt herein!
Pfefferkuchen und Makronen
sollen jetzt das Nächste sein!"

Rühren, kneten, Teig ausrollen –
so geht das nun tagelang.
Na, das Schwierigste, die Stollen,
ist gelungen, Gott sei Dank!

Miezchen denkt: „Wozu sich plagen?
Ich tu nichts und lebe auch!",
und wärmt schnurrend vor Behagen
auf dem Ofen sich den Bauch.

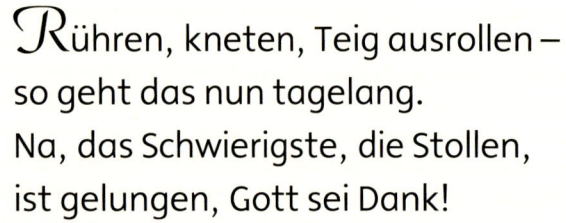

Drüben in dem großen Zimmer
wird inzwischen auch geschafft.
Hier entsteht beim Kerzenschimmer
buntes Spielzeug massenhaft.

Wie sie schnitzen, malen, kleben
von frühmorgens bis zur Nacht!
Wichtel Max zeigt stolz soeben,
was er mit Geschick vollbracht.

All die süßen Leckereien
wandern nun hinaus ins Land,
denn die Wichtel-Bäckereien
sind beliebt und sehr bekannt.

Wichtel Willi kommt für Stunden
gar nicht weg vom Telefon.
„Was darf's sein?", fragt er die Kunden.
„Ja, wir liefern morgen schon!"

Für die Tiere ist indessen
jetzt die allerschlimmste Zeit.
Nirgends finden sie zu fressen,
alles ist ja tief verschneit.

Doch die guten Wichtel streuen
ihnen reichlich Korn und Brot.
Alle Wesen soll'n sich freuen –
ohne Sorge, ohne Not!

Auf dem Christmarkt einzukaufen,
lieben auch die Wichtel sehr.
Dazu kommen sie gelaufen
aus dem tiefsten Walde her.

Ach, wie lockt da bunt und prächtig,
was das Herz nur wünschen kann!
Doch man prüft und wählt bedächtig,
denn das Geld ist schnell vertan.

Ganze Berge von Geschenken
bringt die Schlittenpost herbei,
und man kann sich gar nicht denken,
was wohl in den Päckchen sei.

„Morgen Abend dürft ihr's sehen,
dann wird alles aufgemacht.
Nun erst mal den braven Rehen
einen Arm voll Heu gebracht!"

Nach den arbeitsreichen Zeiten
dürfen auch die Wichtel nun
ihre Feier vorbereiten,
was sie voller Eifer tun.

Mitten in dem größten Raume
stellen sie die Tanne auf.
Wichtel Konrad zeigt zum Baume:
„Hängt nur ja viel Süßes drauf!"

Sehr vergnügt sitzt man beim Schmause
und stimmt Weihnachtslieder an.
Plötzlich Schritte vor dem Hause –
oh, da kommt der Weihnachtsmann!

Bei dem Schein der Weihnachtskerzen
feiert so die Wichtelschar
froh und mit zufried'nem Herzen
dieses schönste Fest im Jahr.

© 2012 Titania Verlag GmbH
Industriestraße 19
64407 Fränkisch-Crumbach 2021
www.titania-verlag.de

Illustrationen: Fritz Baumgarten
Layout, Satz und Umschlaggestaltung:
design cat GmbH

ISBN 978-3-86472-405-3